HERMAN SEIDL
MAX GARZAROLLI

EIN MANN EIN FISCH

ANGLER UND IHRE BEUTE

DUMONT

Als Angler liebe ich die Stille
und die Schweigsamkeit der Fische.
Auch am Haken hört man sie nie quaken.

Der Fisch ist mein Lieblingstier.
Er ist so interessant.
Er lebt im Wasser und er stirbt an Land.

FUNNY VAN DANNEN, »DER FISCH«

EIN MANN, EIN FISCH

THE LEGEND

EIN MANN, ZWEI FISCHE

ZWEI MÄNNER, EIN FISCH

ZWEI MÄNNER, ZWEI FISCHE

ZWEI MÄNNER, VIER FISCHE

DREI MÄNNER, EIN FISCH

DREI MÄNNER, DREI FISCHE

DREI MÄNNER, SECHS FISCHE

puma

LUCKY STRIKE

BIG FISH

BOOOAAAAH!

VERLIEBT, VERZÜCKT, ENTRÜCKT

VOLLER DANKBARKEIT

MICHIGAN

GANZ DER PAPA

LUNA PIER
HARBOUR CLUB
734-848-8777
Michigan Sport Fishing Company LLC
Great Lakes Sport Fishing Charters

WAHRE LIEBE

WAHRE LIEBE ROSTET NICHT

TEAMWORK

YUM
YUM

PIONEER
FCS
Larew

SPORT FISHING
SHIMANO

FANTA 4

4

FAVRE
4

LUNA PIER
HARBOUR CLUB
734-848-8777
MICHIGAN SPORT FISHING
CAPT JOHN MILBOURNE
MICHIGAN
4

4

PINK FLOYD ODER JIMI HENDRIX

THE WINNER TAKES IT ALL

OCEAN KAYAK

MAMA, ER LEBT NOCH

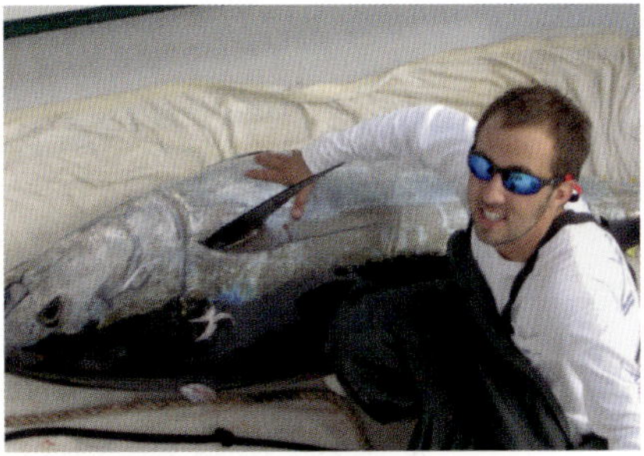

FÜR EINE HANDVOLL FISCH

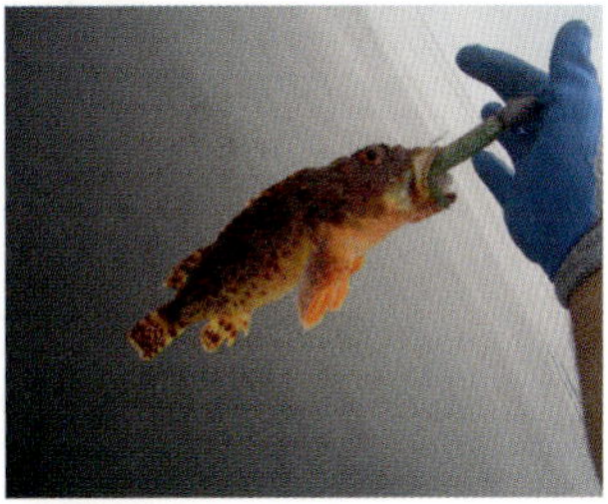

AUF TUCHFÜHLUNG

115

VORSPIEL

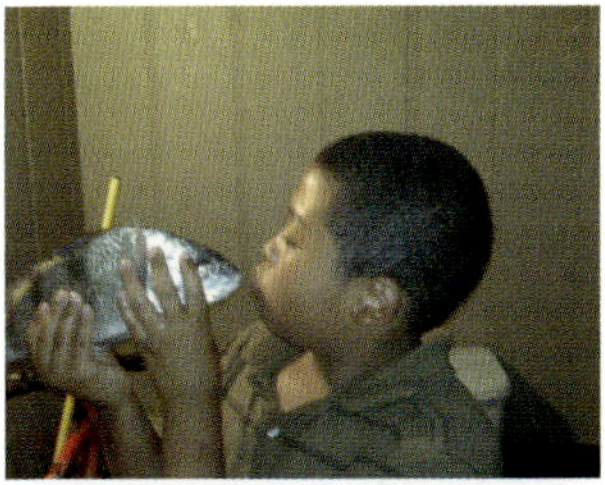

ILLUMINATIO

BILLABONG

LICHTSPIELE

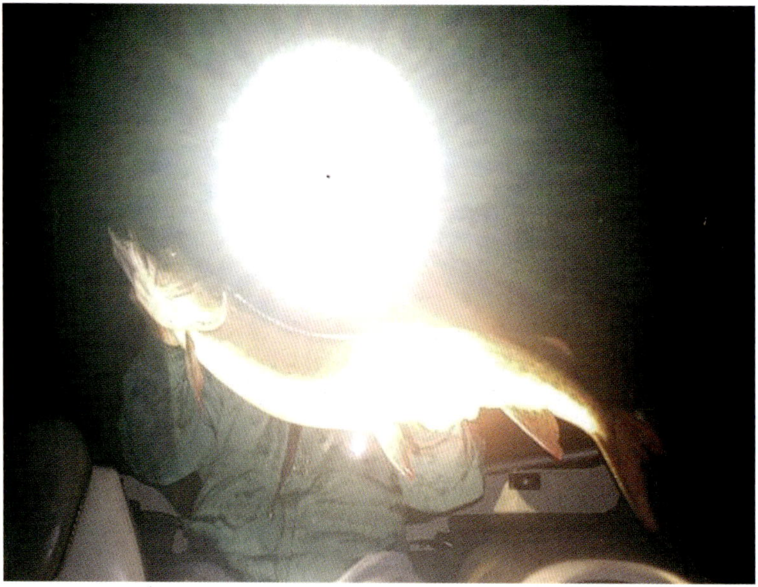

ICH

End of a Dream

FILA

OBEN OHNE

FEAR NO FISH

WASTED SMILES

KLEINES GLÜCK

HOBART

GROSSES GLÜCK

NEBRASKA

VOLLE FAHRT

YEE-HAW!

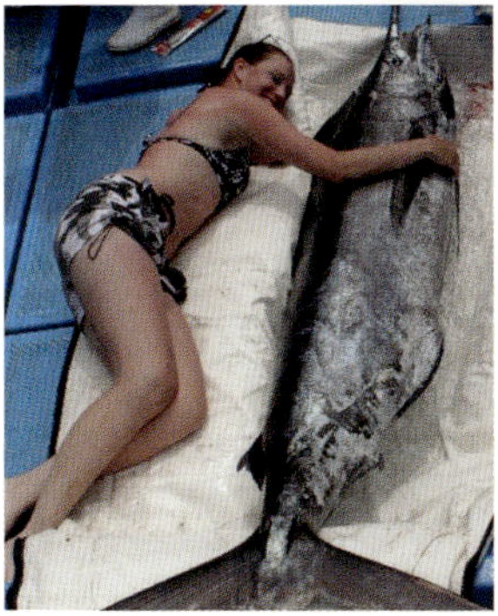

HOW BIG IS THE FISH

HOW BIG IS THE FISH II

HOW BIG IS THE FISH III

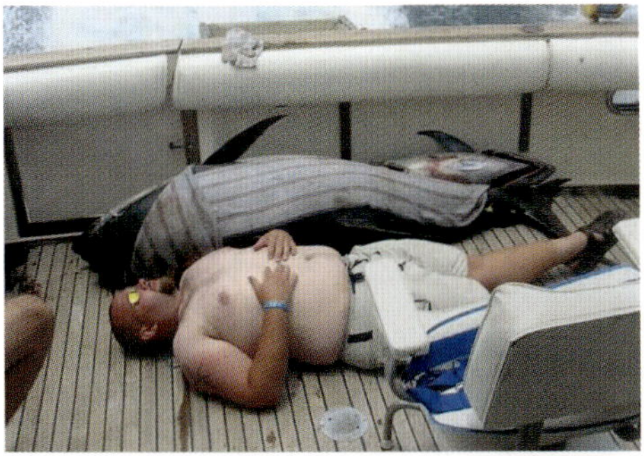

WOLF PACK
SPORTFISHING

ALL YOU CAN EAT

CARDINALS
LOUIS
CARDINALS

CHEF DE CUISINE

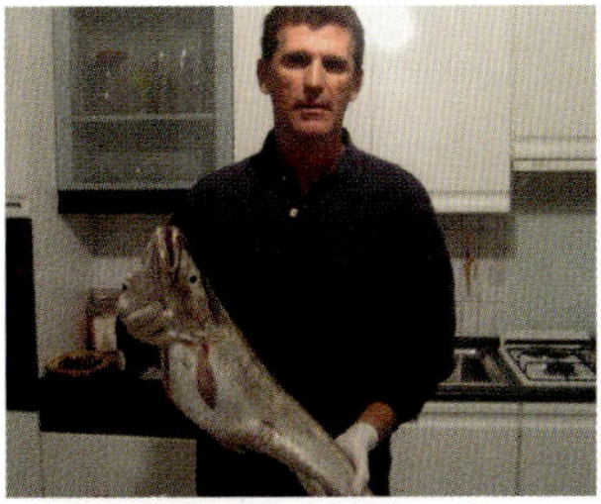

HOMEOFFICE

der Regel
VOLL

Monitor 220
Monitor 220
TOSHIBA
DVD/CD/VCD
SALAT
SONY

alpha
Danelectro

INKLUSIVE FOTOGRAF*IN

GUT VERSTECKT

PERFEKT VERSTECKT

ANONYMUS

FINGERFERTIGKEIT

FOOTBALL

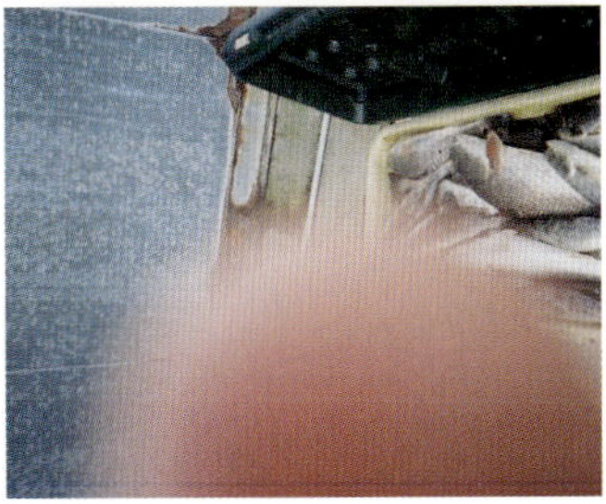

AND THE WINNER IS ...

BLOODY MARY

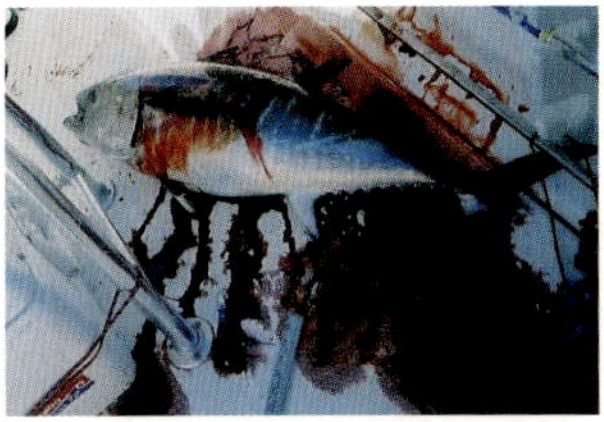

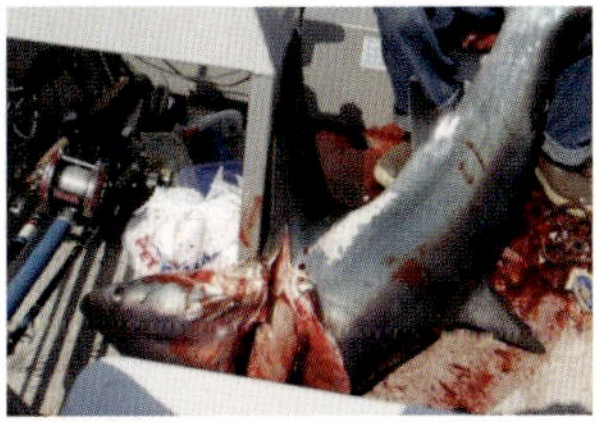
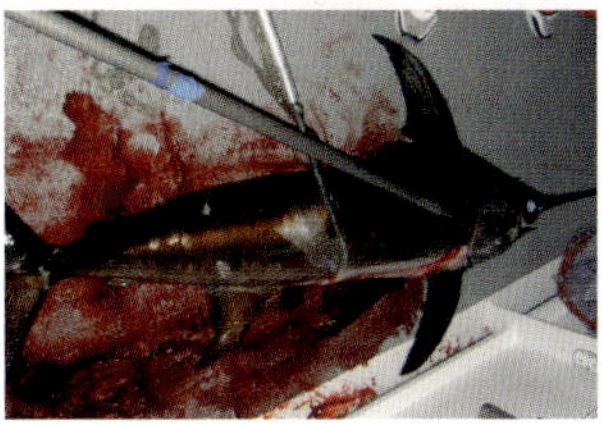
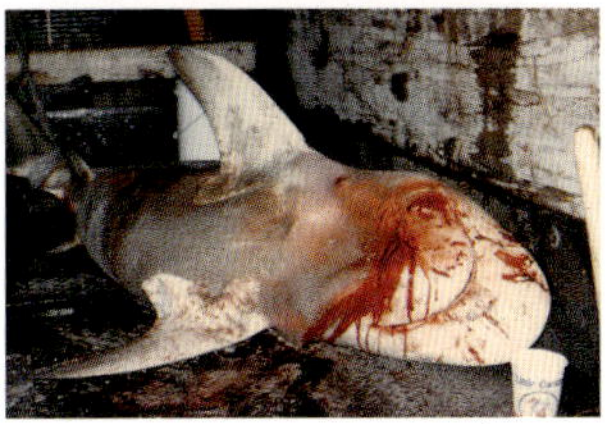
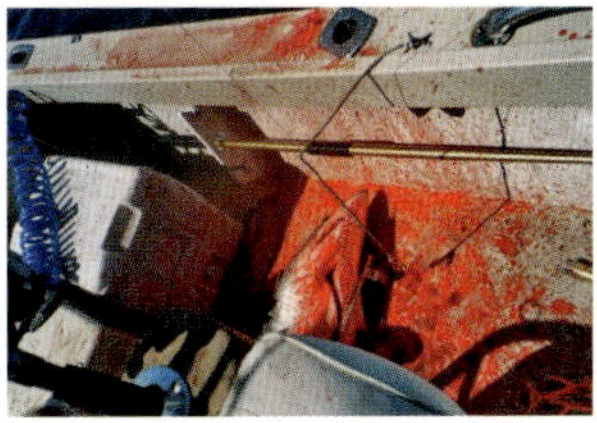

FLOWER-POWER

CAMOUFLAGE

CMA CGM

adidas
SOCCER

adidas

adidas

00.00.0000

01/01/2025

06/21/2007

2022.04.16

EIN MANN, EIN FISCH ist eine Bildersammlung, die viele tote Fische und viele stolze Menschen zeigt. »Ein Mann, ein Fisch« ist jedoch auch ein Buch über die Demokratisierung des Visuellen. In der Vergangenheit war die Verbreitung von Bildern begrenzt. Machtinstanzen wie Kirchen, Staaten und Medien kontrollierten, welche Bilder produziert und verbreitet wurden und welche nicht. Mit Digitalkameras, Smartphones und dem World Wide Web wurden die etablierten Verbreitungswege neu definiert. Die Distribution von Bildern war ursprünglich ein Privileg weniger Fotoagenturen und Verlage. Durch die Digitalisierung ist heute jeder mehr oder weniger selbst eine internationale Fotoagentur. Social-Media-Kanäle wie Facebook, Instagram, Twitter, Reddit und TikTok befüllen das Netz tagtäglich mit Milliarden von Fotos und Videos. Das Ergebnis ist eine wahnsinnige Vielfalt der Fotografie. Fotos von Anglern und ihrer Beute gibt es im Internet in Hülle und Fülle. Denn kaum ein Hobby befriedigt so intensiv Urbedürfnisse und Geltungsbewusstsein des modernen Mannes: Lass einen Mann fischen, und er postet seinen fetten Fang im Netz!

Eine naheliegende Reaktion auf die enorme Bilderinvasion im Internet ist die Aneignung des zirkulierenden Bildmaterials. Bereits Mitte der 2000er-Jahre, noch vor Gründung der sozialen Netzwerke, legten mein Freund Max und ich ein Fisch-Foto-Archiv mit 10.000 Bildern an – angeregt von der Methode der Aneignung, einem künstlerischen Verfahren, das Mitte der 80er-Jahre populär wurde. »Appropriation Art« setzt sich kritisch mit Original und Originalität, mit Autorenschaft und Authentizität in einer mediengeprägten Gesellschaft auseinander. Nach dem Sammeln sortierten wir die Fotos und ordneten sie nach bestimmten Gestaltungselementen, fotografischen Eigenheiten und inhaltlichen Ähnlichkeiten. So werden die unterschiedlichen Aspekte des menschlichen Daseins und Handelns sichtbar.

»Ein Mann, ein Fisch« zeigt die Essenz unseres Projekts: eine pointierte Auswahl schriller Amateurfotografien aus der ganzen Welt. Doch damit nicht genug: Das neugeordnete Konvolut, bestehend aus einer Vielzahl an Kategorien und einem »Kompendium des fotografischen Fehlers«, diente uns in der Folge als Inspirationsquelle für selbst produzierte Fisch-Foto-Arbeiten, die über mehrere Jahre rund um den Globus entstanden sind. Das ist das Novum an diesem Buch – die visuellen Ursprünge werden mit nachinszenierten Fotografien gemischt. Protagonist*innen der inszenierten Bilder sind fischende Freunde, Familienmitglieder, Arbeitskollegen, Bekannte und Bekanntschaften aus aller Welt. Mit den Kombinationen erweitern wir die künstlerische Praxis der Aneignung und stellen die Frage nach der Authentizität: Was ist das Original? Der Fund oder die Inszenierung?

DANK

Lieber Max,

du erinnerst dich, es war während einer Zugfahrt von Hamburg nach München im Sommer 2005. Wir diskutierten und lachten über den immer auffälliger werdenden visuellen Selbstdarstellungsdrang im World Wide Web. Ganz besonders amüsierten uns Fotografien von Männern, die sich gemeinsam mit ihrer Fischbeute zeigten, ob groß oder klein. Wir begannen in nächtelangen Streifzügen diese außergewöhnlichen Fotografien zu sammeln und zu sichten. Nach drei Jahren entstanden durch Sortierung und Neuordnung knapp hundert Kategorien an Fisch-Phänomenologien – und vor allem auch ein Kompendium fotografischer Missgeschicke, das wir zu unserem Manifest für eigene Fischfotos machten. Wir entdeckten viele typische fotografische Fehler wie den Finger vor der Linse, überbelichtete Körper, abgeschnittene Köpfe, der Schatten des Fotografen im Bild sowie chaotische Umgebungen oder Beziehungen voller Situationskomik. Der Fehler als Chance war unsere Leitidee. Gemeinsam arbeiteten wir in der Folge an unseren eigenen Fischfotografien, angeregt von den gesammelten visuellen Inspirationen.

Besonders danken wir daher all den zahlreichen Menschen mit Angel, Netz und Fischhaltekompetenzen, die wir im Moment ihres Triumphes fotografieren konnten: Adolfo, Jörg, Sonny, Taki und Eva, Stefan und Sophie, Jon, Kyle, Volker, Markus, Christian und Christiane, Steve, Michael, Micha, Veronika, Joe und viele mehr. Ohne Frank Winne und Volker Finnern und ihre grafische und ideelle Unterstützung wären wir nicht so gut weitergekommen.

Wir bedanken uns bei unseren Frauen Beatrice und Susanna für ihre Geduld sowie bei Karl Josef Pazzini für die philosophischen Reflexionen, wir danken den »Beratern« von Lerch Hummer & Co. für die Fischexpertisen und besonders Tanya Kiang, Kuratorin des Photo Museum Ireland, für die Auswahl unseres Fotoprojekts als Ausstellungsbeitrag beim Fotofestival in Pingyao/China 2013.

Lieber Max, vor allem aber ist dieses Buch für dich, weil es so ist, wie du warst: humorvoll, voller Energie, mit sprachlichem Witz und immer das Ungewöhnliche suchend.

Herman

Dieses Buch wurde klimaneutral produziert.

Klimaneutral
Druckprodukt
ClimatePartner.com/17531-2110-1001

FSC
www.fsc.org
MIX
Papier | Fördert gute Waldnutzung
FSC® C023419

Erste Auflage 2023

Idee und Konzeption: Herman Seidl, Max Garzarolli, Frank Winne
Verlagskoordination: Kathrin Nick
Umschlaggestaltung und Satz: Birgit Haermeyer
Repro: PPP Pre Print Partner, Köln
Druck und Verarbeitung: L.E.G.O. S.p.A., Vicenza

Printed in Italy

ISBN 978-3-8321-6925-1
www.dumont-buchverlag.de